www.ingramcontent.com/pod-product-compliance
Lightning Source LLC
Chambersburg PA
CBHW080929170526
45158CB00008B/2222
* 9 7 8 1 0 8 8 4 0 8 4 8 3 *